JN410097

촌뜨기의 나팔소리

이 재 호 시조집

교음사

서(序)

할렐루야!

창조주 우리 하나님 아버지 앞에 영광을 돌려드립니다.

"시와 찬미와 신령한 노래를 부르며 감사하는 마음으로 하나님을 찬양"(골 3:16)합니다.

소백산 새까만 골짜기를 떠나온 것이 기적입니다.

우상(偶像)에 메인 속박(束縛)에서 해방된 노래를 부르며, 갈 바도 모르던 무지(無知)와 곤궁(困窮)에서 벗어나 샘솟는 초원(草原)에서 시를 짓고 춤을 출 수 있는 것은 빛으로 인도하신 오직 주님의 은혜입니다.

> 여호와는 나의 목자시니 내게 부족함이 없으리로다. 그가 나를 푸른 풀밭에 누이시며 쉴 만한 물가로 인도하시는도다. 내 영혼을 소생시키시고 자기 이름을 위하여 의의 길로 인도하시는도다. 내가 사망의 음침한 골짜기로 다닐지라도 해를 두려워하지 않을 것은 주께서 나와 함께 하심이라 주의 지팡이와 막대기가 나를 안위하시나이다. 주께서 내 원수의 목전에서 내게 상을 차려 주시고 기름을 내 머리에 부으셨으니 내 잔이 넘치나이다 . 내 평생에 선하심과 인자하심이 반드시 나를 따르리니 내가 여호와의 집에 영원히 살리로다 (시편 23편)

문충(文忠) 시조에 감동하던 문외한이 거룩한 성경 시가(詩歌)에 푹 젖어 하나님의 사랑, 그 크신 은총을 감히 그려보고 싶어 작시(作詩)의 문을 두드렸으나 고단한 삶에 허덕대느라 쏟아지는 시상(詩想)들을 거두지 못하고 다듬지 못한 글들만 수북하게 쌓이고 있었습니다.

사람이 마음으로 자기의 길을 계획할지라도 그의 걸음을 인도하시는 이는 여호와시니라.(잠 16:9)는 말씀을 믿고, 광음(光陰)에 쫓기는 희수(喜壽) 앞에 더 이상 미룰 수가 없어서 천여 편의 창작 중 등단 초기의 시조들을 묶어서 처녀작 한 권으로 선보입니다.

메말라 시들 때마다 나를 살려내고 꿀 송이 같은 꼴을 먹이며 민망한 꽃이라도 필 수 있게 해주신 명성교회 김삼환 원로목사님께 감사를 드립니다.

성령 충만하신 목사님의 말씀은 나의 둔한 입술로 하나님의 선하심을 찬양하고 하나님의 위대하심을 나의 무딘 붓으로 닭발 그리듯 그릴 수 있게 하셨습니다.

어두운 코로나 세월 속에 출판이 되도록 이끌어주신 이민호 편집위원님과 교음사 강병욱 대표님, 그리고 우리 민족 고유의 전통 시조 문학을 지도해 주신 효봉 교수님께 감사드립니다.

졸작(拙作)이지만 불편한 날들을 참아내고 격려해 준 가족에 대한 고마움과 외손자 데이빗의 첫돌 기념으로 세상에 내어놓습니다.

2020년 9월 23일 새벽 저자 이재호

| 촌뜨기의 나팔소리 |

· 이재호 시조집

· 차례

1. 누에인생

2. 묵향(墨香)

3. 가을 기도

4. 들풀

5. 만추의 호수

1

누에인생

콘트라베이스

덩치는 거대하나 주목받지 못하고
뒤에서 도와줘도 알아주지 않지만
더 낮은
소리로 감싸주며
굵게 노는 악기다

약빠른 귀염이나 날쌘 기교 떨지 않고
빛나지 않는 삶을 무겁게 이어가는
우리네
소중하기만 한
밑바닥의 소리네

님이여

떠나간 님의 자국 사라진 지평선을
그리움 안고 보니 텅빈 가을 하늘
저 높은
하늘길 따라
별빛 속에 찾는다

사라진 님의 얼굴 아득한 수평선에
그리움 파도 되어 하얗게 밀려오니
타버린
가슴을 안고
꿈길 찾아 헤맨다

나그네

보따리 묶고 풀고 줄 서서 기다리며
검색만 당하다가 먹고 싸고 자고 씻고
머문 듯
떠나가면서
사진 한장 남기네

낯설고 물 설은 곳 신바람 취했다가
구겨진 옷가지에 주름진 얼굴 위로
저녁놀
붉게 흘러가니
본향 길을 찾는다

치마폭

매 상처 고이 싸고 눈물을 닦아주며
땡볕을 막아서던 어머니 치마폭이
노을에
물든 단풍처럼
황혼길을 감싸네

콧물을 훔치면서 허물을 덮어주고
비바람 막아주던 때묻은 치맛자락
황혼이
짙어 갈수록
여린 몸을 울리네

씨앗

어미 품 뛰쳐나간 한 톨의 꼬마둥이
차이고 구르다가 흙속에 파묻혔다
캄캄한
지하에서 신음하며
푸른 하늘 꿈 꾼다

온몸이 다 터지고 깨지는 고통으로
발버둥 치면서도 말 없는 피눈물로
견디다
진액이 다 빠져
햇노랗게 싹 튼다

손발도 하나 없는 연하고 순한 얼굴
무서운 벌레들과 바위를 피하면서
짓누른
흙더미 뚫고 나와
하늘 보고 웃는다

아생(芽生)

한 톨의 작은 씨앗
땅 위에 떨어져서
용트림 다하면서
흙속에 뿌리박고
한없이
고운 순 되어
빛을 찾아 나선다

촌뜨기의 나팔 소리

산 높고 골이 깊은 옹달샘 하늘이라
해조차 늦게 떴다 일찍이 넘어가는
새카만
두메광산을
헤쳐 나온 검정이

어둠의 골짜기서 노예근성 살아갈 때
성령이 찾아와서 보배 피로 건져 내어
불기둥
구름 기둥으로
가나안 길 이끄시네

하늘의 만나 먹고 반석 물 마시면서
대적을 물리치는 십자가 깃발 따라
날마다
시온의 대로에서
나팔 부는 촌뜨기

신바람 절로 나는 실로암 주님 만나
돌부리 차이면서 매무새 틀어져도
서투른
다윗의 막춤으로
해 가는 줄 모른다

낙엽

잡새들 날아들 때 수줍게 미소 짓다
호시절 춤바람에 한세상 보내더니
황혼에
거리로 쫓겨나
벌벌 떨며 헤맨다

들마다 풍성하게 호화를 누리면서
폭염을 가려주고 비바람 막아서며
주야로
붙어살더니
소박맞은 신세다

동장군(冬將軍)

가을도 가기 전에 한파를 타고 와서
칼바람 휘두르며 폭설로 가두고는
겨우내
떨게 하더니
조류독감 날리네

저 혼자 가는 겨울 그리도 서러운가
입춘이 오는 길에 수설(水雪)을 퍼붓더니
차갑게
돌아서 가며
빙판길을 만드네

객지 자식(客地 子息)

날갯짓 서툰 채로
둥지를 떠나가서
안개 낀 험산유곡(險山幽谷)
풍랑(風浪)에 묻히더니
목빼던
빨간 자전거
환한 눈물 안긴다

문 앞에 흥(興)이 돋고
방마다 꽃 피더니
옹달샘 산비둘기
잠잘 때 찾아 와서
동구 밖
사라져 갈 때
가슴 속을 쪼아댄다

완행열차

한 맺힌 서러움을 하얗게 토해 내며
캄캄한 안개 속에 강같이 흘러가는
밤 열차
푸른 창문마다
졸고 있는 고향 꿈

아련한 기적 소리 먼 하늘 가르더니
고단한 간이역에 한시름 내려놓고
계곡을
돌아서 가며
콧노래를 날리네

우리 어머니

서러운 시집살이 가난한 살림살이
연기가 맵다면서 부엌에 감춘 눈물
산자락 밭을 매면서 땀방울을 뿌렸다

배 아파 낳은 아기 가슴에 안고 난 후
고달파 어려워도 기쁨과 자랑 되니
자식들 크는 재미에 웃음소리 퍼졌다

산골짝 검은 광산 찬물에 맨손 빨래
아들만 자랑하며 두부 묵 포목 행상
그토록 곱던 맵시가 자식들로 가셨다

온몸을 다 퍼주며 식구들 먹이시고
평생을 기도하며 복음을 전하다가
그 아들 못내 바라보며 하늘나라 가셨네

우리 누야

착하고 달빛 같아 온 동내 사랑받던
천심(天心)이 순한 단지 순단이 효녀 누님
복사꽃 얼굴 적시며 꽃가마를 타고 갔다

치매 난 시할머니 시부모 봉양하고
한평생 터덕대며 청산골 김매다가
어머니 찾는 소리에 산골짝을 울렸다

종부(宗婦) 짐 무거워서 양 무릎 수술해도
미소를 잃지 않고 꿈속에 아빠(親父) 만나
불효식(不孝息) 한을 풀고서 아픈 줄을 몰랐다네

천사들 노래하는 광채가 찬란한 길
가교(駕轎)를 타고 가신 아버지 뵈었다니
천심이 담긴 누나 소원을 하나님이 들으셨네

목련화

벌 나비 날개 없이 어디서 날아왔나
풀벌레 손발 없이 어떻게 올라갔나
봄바람
타고 올랐는가
민둥나무 목련화

춘신에 들리는가 산 넘어 님 오는가
잎순도 트지 않은 나무등 높이 올라
수줍은
교태부리며
꽃봉오리 터지네

벚꽃놀이

산마다 거리마다
봄빛이 몰려와서

한바탕 왁자지껄
웃음꽃 피워대니

벚나무
신바람 나서
꽃잔치를 벌리네

산철쭉

백화산 옷자락에 봄바람 살랑대면
민 가슴 망울망울 연분홍 물들이고
흰 구름
파아란 하늘에
송이송이 피운다

훈풍이 놀고 가는 산골짝 양지마다
꽃망울 실눈 뜨고 빨갛게 달아올라
온 산을
활 활 불태우며
호랑나비 부른다

매천(梅天)인생

주름진 중년 세월 반으로 접힌 인생
가뭄을 태우더니 먹구름 끌고 와서
녹음(綠陰)을
점점 무겁게 해도
겹도라지 웃는다

반생을 돌아가는 뜨거운 햇살들이
소나기 퍼붓다가 천둥을 울려대니
참나리
눈물방울 흘리며
고개 숙여 꽃 피네

꽃노래

창조주 하나님의 놀라운 사랑으로
주 예수 그리스도 골고다 피를 흘려
악한 죄
더러워진 나를
대속하고 씻었네

전능자 날개 아래 십자가 그늘 밑에
천국의 백성으로 부르신 주의 자녀
보혈의
강을 따라
영화롭게 하셨네

하나님 아버지의 자녀 된 우리 영혼
영생을 받았으니 가슴을 활짝 펴고
웃음꽃
온누리 피우며
예수 향기 날리자

누에 인생(羽化登天)

알몸에 빈손 쥐고 울면서 태어나서
티끌 속에 죄 마시며 부릅뜨고 다니더니
다 잃고
빈털터리로
꺼져가는 모진인생

성령에 거듭나서 생명의 말씀 먹고
보혈로 찬송하며 기도 샘물 마시더니
영생의
날개를 달고
열린 천국 올라가네

밤하늘

밤낮을 부릅뜨던 해와 달 잠이 드니
창공에 몰려나와 내 마음 훔쳐보고
온밤을
초롱초롱 소곤대는
아기별들 놀이터

말매미

캄캄한 땅속에서 굼벵이 십 년 세월
인고의 한을 품고 밤나무 기어올라
눈부신
푸른 하늘을
노래하며 휘젓네

한여름 쏟아지는 땡볕도 마다 않고
염천에 날아와서 날개를 치켜들며
숲속이
진동하도록
임을 찾아 부르네

날갯짓 한 이레에 입추가 찾아오니
꿈같이 빠른 세월 서럽고 한이 맺혀
온 동네
떠나갈 듯이
밤낮 울다 떠난다

2

묵향(墨香)

나의 목자

여호와 나의 목자 부족함 내게 없네
주께서 초장 위에 나의 몸 누이시며
쉴만한
맑은 물가로
나를 인도 하시네

자기의 이름 위해 의의 길 인도하며
내 영혼 소생하니 사망의 음침한
골짜기
다닐찌라도
해와 두렴 없다네

주님의 막대기와 지팡이 안위 하며
원수들 목전에서 내게 상 베푸시고
기름을
내 머리 부으시니
나의 잔이 넘치네

내 평생 여호와의 인자와 선하심이
정녕 날 따르리니 생수가 넘치는 곳
나의 주
여호와의 집에
영원토록 살리라

세월(歲月)

하루해 어정대며 한눈을 팔고 나니
잔적지(殘積地) 남겨 두고 흘러간 강물 따라
물너울
일으키면서
사라져 간 꽃 안개

문틈에 바라보던 달리는 나 달 찾아
창문을 열고 보니 떠나간 광음여전(光陰如箭)
다시는
볼 수 없도록
흙먼지만 날리네

상심(喪心)

실연(失戀)한 멧비둘기
산천(山川)을 헤매다가

울음을 삼키면서
동네를 찾아가도

저마다
총총 걸음에
눈길 한 번 안주네

빙우

먹먹한 하늘에서
찬비가 내려오고

쓸쓸한 밤거리는
적적하게 흐르는데

나그네
밤이 새도록
냉가슴을 태운다

견우직녀

은하수 강변에서 소곤대던 별빛 연인
못다 한 사랑으로 은하수 떠나가니
온밤을
하얗게 지키던
새벽까치 울린다

밤새워 속삭이던 오작교 칠석날에
애끓는 눈물방울 한없이 떨어지며
구슬픈
빗물 소리로
두견새를 울리네

그해 여름날, 2015

땡볕에 가뭄으로 등 터진 *애옥살림
때 이른 우레 벼락 천지가 진동하고
메르스
야단법석을 치니
풀죽었던 보릿고개

탐욕에 젖은 물이 악취를 풍기는데
초록빛 단장하고 비구름 손짓해서
소나기
한바탕 뿌려대니
힘찬 매미 울리네

상처

정든 임 떠나가신
하늘 길 바라보니

별빛도 얼어붙어
할 말을 잊었는지

눈바람
허공에 날리며
외로움을 찢는다

묵향(墨香)

임 오는 발 소린가 창문을 열고 보니
꽃 잔치 벌리면서 웃음꽃 만발하여
내 마음
홀로 펴놓고
꽃 그림 그린다

눈부신 은빛살이 뜰 안에 가득하고
꽃바람 살랑대며 가슴을 달게 하니
봄날을
한 장 펴놓고
끓는 가슴 식힌다

가시

가시 속 삼 형제는 의좋은 알밤 되고
속 가시 굴비 갈치 장모님 사랑이며
화려한
꽃대궐 여왕도
가시 돋친 장미다

보디발 노예 가시 요셉이 총리 되고
압살롬 사울 가시 다윗이 왕별 되며
바울도
가시 때문에
복음행전 빛낸 별

질병과 환난 고초 가시와 굴레 되어
한눈도 팔 수 없게 찌르고 조여 대니
주님의
날개 아래서
꼭꼭 붙어 숨는다

만추 장미

쓸쓸한 가을비를
아랑곳 하지 않고

단풍이 울고 있는
솔 그늘 홀로 서서

꽃 미소
고고하게 피우는
가시 돋친 장미화

하늘 문

마음 문 닫아 걸고 나 혼자 살다 보니
캄캄해 볼 수 없고 사방에 길이 막혀
세상을
보는 눈 뜨고
길을 찾아 나섰다

무거운 짐만지고 거리를 헤매다가
길 잃고 방황하며 지쳐서 쓰러질 때
주님이
문을 여시니
온 천지가 빛난다

요셉의 고난

형들의 미움 받아 노예로 팔려 가고
억울한 누명 쓰고 무기수 옥사(獄舍)라도
하나님
함께한 요셉
영원한 복 누렸네

사방이 가로막혀 갈 길이 하나 없고
억울해 답답하며 서럽고 원통해도
잠잠히
주님만 바라보니
하늘 문이 열리네

소꿉 사랑

함박꽃 입에 물고 앵끼손 걸던 얼굴
라일락 향내 피고 산 넘어 잠기더니
빈 하늘
단풍잎 하나
구름 태워 보내네

봉선화 피는 아침 빨갛게 물던 손을
하얗게 흔들면서 안개 속 싸이더니
석양빛
물든 하늘에
낙엽들만 날리네

구원의 노래

광야길 방황하던 출애굽 이스라엘
하늘의 만나 먹고 반석의 물 마시며
불 기둥 구름 기둥 따라 가나안을 간다네

양문 옆 베데스다 삼십팔 년 중풍병자
일어나 걸어가라 주님의 복음 듣고
생명수 강을 달려가 은혜 바다 춤춘다

무거운 죄 짐 지고 쓰러져 죽은 인생
천지가 진동하는 주님의 달리다굼
사망은 도망을 치고 생명 길을 얻었네

캄캄한 죄악 세상 멸망길 방황할 때
날 찾아 오신 주님 구원의 팔 내미사
보혈로 죄악을 씻고 영생 복락 주셨다

갈보리 십자가에 어린양 보배 피로
만백성 구원하여 하나님 자녀 삼은
어린 양 예수 그리스도 세세무궁 찬양하리

담쟁이

찬란한 태양 아래 꽃구름 피어나고
별들이 영롱한 밤 벙긋 달 환히 웃는
저토록 아름다운 하늘에
푹 빠지는 덩굴목

걸어갈 다리 없고 날아갈 날개 없어
온몸만 길게 뻗고 두 팔로 기어가며
평생을 하늘만 바라보고
용트림을 해댄다

벽이나 기둥이나 잡을 것 다 붙잡고
오를 곳 다 올라도 하늘에 못 미치니
온몸에 날 수 없는 날개만
수도 없이 피운다

오를 곳 없나 하고 여기저기 찾으면서
하늘로 두 팔 뻗어 이 끝 저 끝 잡아당겨
세상을 온몸으로 엮으며
날개옷을 입힌다

나룻배

황포돛 내린 강변
쓸쓸히 홀로 앉아
뜨겁게 얼어붙은
빈 가슴 열어놓고
허공에
외로움 날리며
맵찬 바람 채우네

캄캄한 동토나루
돛배에 홀로 남아
그리움 얼어붙은
산마루 바라보니
여명이
트는 하늘 길목
빛의 소리 들린다

역병 세월

새봄이 오나 하고
앞내 방죽 나갔더니

붓꽃과 수국들은
마른 잠에 빠져 있고

실버들
축 늘어지면서
꽃소식이 없다 하네

한가위 벙긋 달빛

산마루 뒤에 숨어 환하게 단장하고
두둥실 하늘 높이 덩그렇게 떠오른 달
고향집
마당 가운데
잔칫상을 차렸네

휘영청 벙긋 달이 숨 막혀 놀랐는가
황금 물결 타고 와서 내 가슴 안기더니
귀경길
따라오다가
기침하며 가 버리네

청산 달님

은하수 옹달샘에
뽀얗게 세수하고

청산골 산마루에
두둥실 떠올라서

별빛을
한아름 쓸어 담아
시린 밤을 달래네

꽃 잔디

수줍은 봄 아가씨 밤사이 몰래 와서
별들과 소곤대며 꽃판을 만들더니
뜨락에
펼쳐 놓고서
어디론가 숨었네

첫날밤 덮을 건가 도련님 품을 건가
달빛에 수를 놓아 꽃이불 만들었네
향내가
진동을 하니
눕고 싶다 저곳에

3

가을 기도

탈바꿈

강물은 돌고 돌아 바다에서 춤을 추고
구름은 변모(變貌)하며 하늘을 주름잡고
태산도
철 따라 변색하며
굳은 자리 지킨다

땅속에 굼벵이도 죽을 진통 당하면서
탈 벗고 허물 벗고 날개 달아 하늘 난다
사람도
거듭나지 않으면
천국 갈 수 없다네

새 순

엄마 품 파고들며 동면에 빠지더니
봄볕에 깨어나서 남몰래 나오다가
호통 친
시샘바람에
질러버린 어린 순

동토에 꽁꽁 숨어 동장군 피하더니
봄처녀 그리워서 춘정을 못 이기고
삐죽이
순 내밀면서
꽃샘추위 눈치 본다

야생화

쓸쓸한 외진 길에 무명초 한줄기가
메말라 굳은 땅을 헤집고 솟아 나와
세상에
향기를 발하면서
하늘 향해 활짝 웃네

출애굽 이스라엘 광야길 사십 년을
불기둥 구름 기둥 끝까지 따라가서
젖과 꿀
흐르는 땅 밟고
영원토록 찬양하네

보혈로 구원받은 구세주 믿는 사람
거칠은 세상에서 소금과 빛이 되어
샤론의
꽃을 피우고
예수 향기 날리네

향나무

오 리를 가자 하면
십 리를 함께 하고

왼뺨을 때릴 때면
오른뺨 돌려댄 자

찍힐 때
도끼에 향내 뿜는
하늘나라 성인 목

발자취

금수(禽獸)가 지나간 곳
대소 변(糞尿) 남아 있고

인걸(人傑)이 머문 자리
이름을 새겼는데

나그네
걸어온 길에는
오직 은혜 쌓였네

소나기

물방울 튕기기에 누군가 쳐다봤지
떼밀며 재촉하니 못된 짓 했나 하고
한걸음
도망질치니
물대포를 쏘아댄다

머리를 툭툭 치니 기분이 좋지 않고
등 밀며 가라 하니 속상해 뛰어가다
물벼락
쏟아질 때에야
속 좁은 것 알았네

뚝뚝뚝 노크하니 누군가 왔나 하고
옷깃을 잡아끌 때 잽싸게 따라가니
생명수
쏟아지면서
내 심통을 씻는다

참 보화 - 백만매댁(百萬買宅) 천만매린(千萬買隣)

남사(南史)에 송계아(宋季雅)는 좋은 이웃 산다면서
백만 냥 집을 살 때 천만 냥 주었다니
천만 냥 친구 하나 얻고자
열 배 주고 집을 샀네

돌밭에 숨은 보화 발견한 지혜자는
가산을 다 팔아서 열 배에 밭을 사며
저절로 벌어지는 입
다물 줄을 모른다

영생의 천국 보화 발견한 사람들은
이 세상 부귀영화 헌신짝 취급하며
참 친구 참 보화 되신
구주 예수 믿는자

좋은 벗 좋은 보화 늘 함께 갖고 싶어
천만 냥 집을 사서 행복을 누릴 때도
녹슬고 금 가지 않도록
메일 아침 닦는다

복음

불빛이 꺼져가는 흑암이 깊은 계곡
십자가 다리 놓고 복음의 횃불 켜니
천지를
진동시키는
만물들의 환호성

골짜기 눈물 따라 꽃들이 피어나고
보혈의 강을 따라 생명이 살아나니
물과 피
흐르는 곳으로
천국 길이 열린다

꽃밭

별들이 밤하늘에
총총한 꽃 밭 되면

초목은 들판에서
꽃향기 꽃 밭 되고

사람은
사랑스런 미소로
꽃밭 세상 만든다

오월 비

간밤에 소리 없이
찾아온 가랑비가

봄날에 살랑대던
꽃나비 잠재우며

초원에
애절한 그리움을
촉촉하게 적신다

구원의 십자가

육신이 아플 때는
십자가 병원 찾고

영혼이 병들 때는
십자가 교회 간다

사람들
영육의 구원은
십자가에 달렸네

두견화(杜鵑花)

잔설이 녹아내린
백화산 양지 자락

꽃망울 송이송이
실눈을 몰래 뜨고

사랑을
빨갛게 물들이며
눈부시게 웃는 꽃

밤송이

벌 나비 춤을 출 때
정염(情炎)을 발산하고

바늘침 갑옷으로
장대비 막아내며

속곳에
감추던 사랑
함박 웃고 줘버린다

유수

폭우가 쏟아지고 바위가 막아서도
악취를 풍기면서 오물이 몰려와도
유유히
흘러가는 강물은
생명들을 살리네

벼락이 호통치고 번개가 난리 쳐도
비바람 눈보라가 불볕더위 몰려와도
세월은
유수같이 흘러가며
새 세상을 이루네

사방이 우겨 싸여 힘들고 괴로우며
억울해 답답하고 서럽고 원통해도
잠잠히
주님만 바라면
하늘 복이 열리리

춘파

햇빛이 넘실대는
현란한 꽃 잔치에

실바람 하늘하늘
흰나비 덩실 덩실

상춘객
흐르는 강에
만발하는 인파들

부스럼(腫氣)

잘못은 변명하고
실수는 긁어대니

생채기 커지면서
속살만 썩어 간다

하나님
말씀으로 도려내고
전신갑주(全身甲冑) 입으라

꽃샘추위

봄 처녀 오신다고
시샘 난 겨울 아씨

산 너머 남촌 길에
찬바람 몰고 와서

눈 폭탄
쏘아대더니
빙판길을 만드네

야생

뜯기고 짓밟혀서 볼품이 하나 없고
큰 돌이 가로막아 뿌리 길 막막해도
생기만
잃지 않으면
하늘 물에 소생한다

바위에 막힌다면 돌고 돌아 길을 찾고
비바람 몰아치면 숨어서 물 마시며
찬란한
햇빛 속에 살아나
산들대며 웃는다

온누리 쏟아지는 별들과 달빛 속에
한없이 흘러가는 물결과 바람 따라
세월을
넘겨 가는 민초들
천부 자유 누린다

4

들풀

알곡과 가라지

힘들게 자라나는 곡식과 과수들은
가꾸고 보살피는 농부만 바라보니
추수 때
웃음보 터지는
주인 사랑 독차지

멋대로 자라나는 가라지 잡초들은
해코지 다 하면서 저절로 번성하나
추수 때
키질 당해 날아가서
불에 타는 빈 껍질

성도

속죄양 핏값으로 출애굽 해방되어
광야를 인도하는 주님만 바라보고
젖과 꿀
흘러넘치는
가나안을 간다네

목자의 지팡이로 갈라진 홍해 건너
하늘이 내린 만나 터진 샘 마시면서
불기둥
구름 기둥 따라가며
요단강을 건넌다

겨울 나그네

황포를 훌랑 벗고 나루턱 달라붙어
온몸을 붉히면서 석양에 취하더니
백설이
오는 줄도 모르고
깊은 잠에 빠졌네

짝 잃은 청둥오리 울음을 삼키다가
강 시울 얼어붙은 돛배에 몰래 안겨
산마루
너울거리는
노을빛에 잠기네

캄캄한 동산 넘어 여명이 타오르니
긴 잠을 걷어차고 언 강을 가르면서
꿈꾸던
강길을 따라
임 마중을 나선다

겨울 강

강 물결 일렁이던 물떼새 간곳없고
빙판을 쓸고 가며 삭풍만 호통치니
나그네
떨리는 눈시울에
석양빛도 숨는다

한세월 흘려보내 퍼렇게 멍든 가슴
나룻배 얼어붙은 빈 강을 바라보니
칼바람
허공을 가르며
시린 가슴 찢는다

시집가는 딸

포근한 겨울밤에 함박눈 타고 와서
화창한 봄날 아침 꽃 되어 떠나가니
하얀 손
멀어져 가는
아빠 가슴 텅 빈 하늘

웃음꽃 피우면서 품속에 놀던 공주
화사한 여왕으로 궁전을 찾아가니
엄마는
춤을 추지만
가슴속은 하얗다

잔별

북극성 왕눈 켜고
밤하늘 지키는데

은하에 몰려와서
내 마음 훔쳐보곤

온밤을
소곤대면서
방실대는 아기별

전신주

골목길 홀로 서서 양팔을 쫙 벌린 채
빨랫줄 조여 잡아 남의 말 몰래 듣고
흰 구름
머리 두르며
하늘 높이 솟았네

달동네 골목길에 묵묵히 홀로 서서
행인들 삶을 보며 얽히고 설킨 사연
거미줄
망을 따라가며
풀어주는 외다리

슬픈 사월

탐욕에 눈먼 세월 침몰된 맹골수도
못다 핀 꽃봉오리 처참히 꺾어 놓고
어버이 가슴을 찢으니 사월 하늘 노랗다

참람한 세월호가 진도 앞 바닷속에
꿈 많은 청보리를 모질게 팽개치고
온 나라 들쑤시며 만백성을 울린다

순결한 어린 생명 혼절해 쓰러지며
파도에 잡혀가도 멍청한 대한민국
눈뜨고 아이들 잃는 우리 모두 죄인들

해지고 어두워도 물때가 바뀌어도
아들딸 부르다가 팽목항에 굳어 버린
엄마 속 까맣게 타고 아빠 가슴 퍼렇다

꽃피던 사월 하늘 피눈물 뿌려대고
꿈꾸던 바닷속은 퍼렇게 멍이 든 채
추악한 세월을 보이니 노란리본 줄 선다

하늘 창고

나라에 제일 부자 저 세상 둘이 만나
오만 원 빌려 달라 한 부자 사정하나
나 또한
한 푼도 없다고
빈손 떠는 딴 부자

세상을 떠날 때는 누구나 맨몸이라
하늘에 올라가서 창고가 텅텅 비면
영원히
배곯고 벌벌 떠는
지옥같이 되겠네

주님이 기뻐하는 선한 일 많이 해서
상금과 면류관이 하늘에 가득하면
천사도
흠모하는 자녀로
영생 복락 누리네

엠마오 길

부모님 동네 어른
뛰놀던 동무들도

떠나고 없는 길에
서러워 방황하니

엠마오
가시던 주님
나를 찾아오셨네

들풀

외지고 척박한 땅
모질게 태어나도

하늘을 바라보며
맨몸으로 부대끼고

세상에
향기를 날리면서
번성하는 풀뿌리

민초

동장군 설칠 때는
언 땅에 한칩하고

삭풍이 몰아칠 때
무서워 떨던 초목

춘풍이
햇살을 뿌리니
꽃눈 뜨고 나오네

꽃샘

성급한 꽃망울들 경칩에 눈뜨다가
샘이 난 겨울 아씨 눈세상 펼쳐놓고
찬바람 몰아세우니 얼어 있는 꽃나무

삼월이 왔다면서 꽃눈을 피우려다
매서운 칼바람에 눈물도 얼어붙어
봄날은 어디쯤인가 고개 쳐든 내 모습

옐로우 아카시아

뜨거운 태양 아래 열풍이 쓸고 가며
차가운 밤이슬에 뇌성이 소리쳐도
고고한
날개를 활짝 펴는
야생들의 표상이네

철 따라 왔다가는 잡새들 재잘대고
꽃들이 피고 질 때 맹수가 포효해도
맨가슴
노랗게 드러나도록
덩실대는 기품일세

산노루

눈보라 칼바람이 삼동을 몰아칠 때
험곡에 들어가서 숨조차 숨기더니
꽃소식
산마루 오르니
실눈 뜨고 나온다

산새가 늦잠 자는 새벽에 내려와서
옹달샘 맴돌더니 얼굴을 비춰보고
꽃바람
불어오는 하늘로
종종걸음 나선다

어미의 순정 먹고 외롭게 자라나서
햇노란 솜털 입고 해 따라 나섰다가
산새들
노랫소리에
왕눈 뜨고 춤춘다

하늘 보화

여보쇼 사람들아 한세상 사는 동안
면류관 상급보화 창고에 쌓고 싶나
하나님
기뻐하실 좋은 일
하늘 창고 쌓게나

빈손과 맨몸으로 이 세상 떠나가니
어린양 보좌 앞에 면류관 받아 쓰고
영원한
하나님의 자녀로
영화롭게 산다오

맹수의 밥

햇살이 쏟아지는 더 넓은 초원 아침
먹잇감 노려보는 사자들 발톱 앞에
어미만
태산같이 보는
천방지축(天方地軸) 철부지

코끼리 어미들이 긴 코로 감싸면서
큰 몸을 막고 서서 자식들 보호하나
틈내고
뛰쳐나오니
한순간에 사잣밥

사탄을 물리치며 사망 권세 이기고
만백성 구원하신 주 예수 벗어나서
멋대로
까불거리다가
원수 마귀 밥 된다

기둥

잘 크고 단단해진
미끈한 나무들은

기둥과 대들보로
천장을 받쳐들고

주랑 앞
야긴과 보아스는
하늘궁전 받친다

찔레꽃 사랑

총총한 별빛들이 하얗게 내려와서
밤새워 소곤대며 사랑을 꽃피우니
짝 잃은
두견새 울음이
밤하늘을 찌르네

적막한 산골짜기 쓸쓸한 가시나무
밤새껏 아픈 가슴 하얗게 꽃피우고
종달새
높이 나는 하늘로
서러움을 날리네

강 건너갈 수 없는 아득한 소꿉 사랑
애달픈 그리움에 눈시울 맺힌 세월
지나온
마디 마디마다
가시 되어 찌르네

해변의 연정

사랑을 물들이던 눈부신 백사장에
백일홍 물든 가슴 까맣게 태워 놓고
갈매기
사라진 수평선에
피어나는 흰 구름

눈시울 아프도록 뜨거운 태양만큼
바다 끝 하늘까지 새겨 둔 그리움을
하얗게
밀려온 파도가
말도 없이 지우네

종이컵

순백한 소복 차림 힘없고 연약해도
뜨거운 온몸으로 언 손을 녹여주고
달콤한
입맞춤하면서
정을 다 준 첫사랑

한세월 기다리던 손 한 번 잡아주니
뜨거운 향내 속에 온몸을 녹이면서
정염을
다 쏟아내고
정처 없이 떠나네

킬리만자로

식민지 수탈하고 노예로 묶여 가며
절망과 빈곤 속에 흙먼지 날린 땅에
탐욕이
할퀸 자리마다
눈물샘도 말랐지

사랑과 복음 들고 성령의 불 밝히니
하늘의 문 열리고 보혈의 강이 흘러
나일강
킬리만자로보다
큰 복 길게 누리리

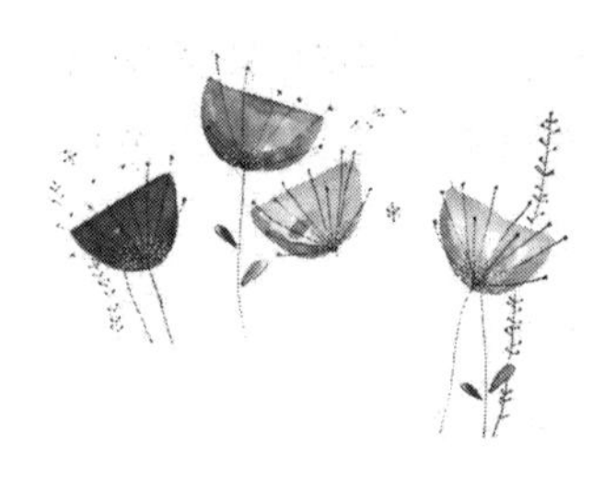

5

만추의 호수

서울 잠자리

집 나간 촌뜨기가 엉겁결 서울 와서
인파(人波)에 차량 홍수(洪水) 길마다 쏟아내는
마천루(摩天樓)
고함(高喊)소리에
왕방울 눈 되었네

양날개 달았다고 빌딩 숲 빙빙 돌며
창 너머 연인(戀人) 사랑 빨갛게 훔쳐보다
천둥이
치는 소리에
화들짝 놀라 빽소니

고사목(枯死木)

늘 푸른 옷을 입고 위풍도 당당하게
솔향기 발산하며 외양만 자랑 터니
속에서 재선충 퍼져 폐기되는 고사목

날마다 세수 화장 비단옷 향수 뿌려
매무새 단장하고 겉모양 치장하나
속에서 악취가 나니 내허외식 고사 인생

내 맘에 오신 주님 안과 밖 다 닦으사
먹보다 더 검은 죄 흰 눈보다 희게 하니
겉 사람 후패해져도 나의 생명 영원하리

두지 나루

품속에 안겨 놀던 청둥오리 떠나가니
하얗게 굳어버린 텅-빈 강 바라보는
닻 내린
황토 돛배가
적막강산 빠진다

눈보라 강골 바람 맵차게 몰아치며
천지를 진동하는 뇌성을 질러대도
솜이불
뒤집어쓰고
길게 누운 겨울잠

이원역

꽃물 든 간이역에 햇살이 몰래 와서
주름진 나그네의 굽은 등 감싸주며
먼 옛날
한아름 안겨주고
황혼빛을 물들이네

정적만 내려앉은 아득한 기찻길로
그리움 몰려와서 텅 빈 역 가득하니
기적도
사라진 창으로
뭉게구름 날아온다

만추의 호수

창공에 뛰쳐나온 노오란 은행 잎새
국향에 취했는지 춤추며 나풀대다
미소 띤
함박웃음에
잠방하고 빠진다

붉은 옷 갈아입는 산영을 가득 안고
기러기 날아가는 노을을 바라보며
유광이
은은한 얼굴에
잔주름이 퍼진다

시작(詩作)

포은집 단심가에 감동된 산골 소년
김소월 진달래꽃 시혼에 잠기더니
괴테와 벨텔이 슬퍼 하이네와 놀았네

새하얀 종이 위로 시상을 굴렸더니
밀려든 세상사에 저 멀리 도망가고
메마른 가슴속으로 빠른 세월 보냈네

십자가 구원받고 은혜의 바다에서
다윗왕 시를 잡고 솔로몬 아가 따라
어설픈 춤을 추면서 주름진 손 두들겨

잔인한 사월

푸른 꿈 터질 듯한
꽃 세월 웃음 잔치

새까만 놀부 심보
황사를 타고 와서

웃음꽃
다 꺾어놓고
분탕질을 해댄다

채찍

자식을 사랑한 자 근실(勤實)이 징계하고
초달(楚撻)을 못 하는 자 그 자식 미움이라
경책(警策))이
나에게 없으면
참 아들이 아니라네

징계가 당시에는 아프고 슬프지만
후에는 연달(鍊達)한 자 의의 평강 맺나니
주께서
사랑하시는 자
담금질을 하신다네

훈계를 지키는 자 생명 길 행하여도
징계를 버리는 자 그릇된 길 간다 하고
채찍을
달게 받아 달린 자는
월계관을 받아 쓰네

풀무불 용광로에 철광석 녹아나고
두들긴 담금질에 옥 보석 나오듯이
광야길
단련된 성도
정금같이 나오리

봄바람

봄 처녀 오신다고 시샘 난 꽃샘추위
눈 녹는 양촌 길을 매섭게 막아서나
움츠린
옷깃 속에서
꿈틀대는 꽃내음

산 넘어 남쪽 나라 고운 임 오는 소리
제비가 먼저 알고 훈풍에 전해주니
골짝 눈
녹아 흐르며
가슴마다 꽃 피네

홀 노인

알곡들 떠난 들녘
석양은 기우는데

스산한 갈바람에
허아비 홀로 서서

가랑잎
춤추는 모습에
마른 미소 짓는다

입동 날

들국화 향에 취해 황금벌 춤추다가
불타는 산을 보고 찬 서리 뿌리더니
칼바람
휘두르는 소리에
동동대며 줄행랑

주름진 함박웃음 곳간 문 활짝 열고
농익은 오곡백과 알곡만 추수하니
가랑잎
굴러간 길로
백설 소문 들린다

천하장사

고금의 영웅호걸 이길 수 없다 하고
동서의 절세가인 당할 수 없다 하며
세상에
삼라만상이
세월 앞에 두 손 드네

스치는 바람같이 모양도 전혀 없고
한마디 말도 없이 유유히 흘러가는
천하에
무정세월을
이길 장사 없다네

스펀지

추한 물 빨아먹는 아기 표 흡입기요
먼지 털 핥아먹는 황소 표 청소기며
싸움질 하지도 못하는 포장 속에 휴전선

쇠 주먹 당하면서 창검에 찔려가며
깨질 것 보호하고 터질 것 막아내도
한마디 불평도 없이 온갖 욕은 다 먹네

실수와 허물들은 한없이 받아주고
더럽고 악한 죄를 깨끗이 씻어주며
만물을 조화시키는 화목제물 십자가

무겁고 추한 죄악 주 앞에 내려놓고
강퍅(剛愎)한 언행 심사 뽈나는 힘을 빼며
내 안을 비워 버리니 주님 팔복 채운다

샘솟는 사랑

고향 집 뒤안길에 바위 밑 옹달샘이
한여름 물 마시면 속까지 시원하고
얼음판 엄동설한에도
김이 나는 부동천(不凍泉)

밤마다 머리 감고 두 손 모은 어머님이
행여나 부정(不淨)할까 사 시장(四時長) 철 간수하고
미명(未明)에 뉘보다 먼저
정화수(井華水)를 퍼오셨다

어머니 비는 기도 하늘 보좌 움직이고
예수님 보혈 사랑 바다처럼 넘쳐흘러
날마다 때마다 받는 사랑이
샘물처럼 솟는다

빈 손과 적신으로 세상에 태어나서
영원을 잇대 살며 만복을 누리도록
반석에 세운 십자가 은혜가
강물같이 흐른다

입추

땡볕만 바라보던 울 앞에 해바라기
먹구름 몰려와서 퍼붓는 소나기에
고개를
푹 숙이고는
눈물방울 떨구네

밤송이 여무지는 폭염이 무섭다고
녹음에 숨어들어 조잘대던 산새들이
입추가
솔 솔 바람 피우니
숨죽이고 엿보네

불볕에 펄펄 끓는 가마솥 무더위에
감나무 달라붙어 떼쓰며 울던 매미
실바람
산들거리니
하늘 높이 날아가네

시집살이

봉선화 물들이며 옹달샘 놀던 달님
비단옷 감기면서 안개 속 잠기더니
기러기
오는 하늘에
북풍한설 날린다

진달래 피는 마을 복사꽃 피던 얼굴
옷고름 입에 물고 꽃가마 타고 가서
한평생
쏟은 눈물이
한강 되어 흐른다

지아비 뒤에 숨어 서러움 쏟아내고
자식을 앞세우며 인고의 돌이더니
눈물샘
문전옥답 만들고
주춧돌 된 현모양처

첫눈

단심에 빠질세라
하늘길 날아와서

하얀 꽃 뿌려대며
만추를 몰아내고

냉가슴
포근히 감싸 주며
그리움을 안기네

목동 다윗

심부름 갔던 소년
맨몸에 물맷돌로

육 척에 철갑무장
창검을 빼 들고

하나님
모욕하던 골리앗을
초전박살 냈다네

여호와 구원하심
창검에 있지 않고

전쟁은 살아계신
주님께 속한 것을

온 땅이
알게 한 소년
다윗 왕 별 되었네

꽃잔치

봄바람 불어오니 꽃들이 활짝웃네
꽃미소 피어나니 벗들이 찾아오네
온동네
왁자지껄한
꽃잔치를 벌린다

참빛이 찾아오니 내영혼 살아나고
성령의 바람부니 온세상 꽃밭이라
온세상
춤을 추면서
꽃노래를 부른다

운동장

구슬땀 쏟아내며 뛰다가 쓰러지고
온몸이 부서지며 야유도 당하지만
승리로
영광누리는
경기장내 선수들

신나서 손뼉치고 뛸듯이 흥분하며
전문가 빰치듯이 온비판 다하지만
쓸쓸한
길을 따라흩어진
관중석에 구경꾼

박차고 흥분하며 고함만 칠 것인가
쓰러져 욕 먹어도 일어나 뛸 것인가
관중석
구경꾼보다는
상을 받는 주역 되리

원두막

무서운 땡볕 피해 사다리 올라가면
깡발로 삐걱대며 솔바람 불어온다
저 아래
더위 먹은 수박들
칭얼대며 토라지네

사방이 다 열리고 발아래 만상이며
둘러선 미루나무 말매미 합창하니
한시름
날려버리는
하늘 솟은 궁전이네

참외 향 바람결에 온새미 흔들리고
황혼이 흘러가는 먼 하늘 바라보니
울컥
그리운 본향에
눈시울을 적시네

*깡발 : 깡마른 통나무 네 개 위에 만든 원두막의 기둥
*온새미 : 가르거나 쪼개지 않은 생긴 그대로의 나무와 벼잎 엮어 만든 원두막 모습
본향= 고향, 하늘나라, 주님의 사랑

서평

다윗의 뒤를 이은 아름다운 시혼의 춤사위

– 이재호 시조집 『촌뜨기의 나팔소리』를 중심으로

이광녕(문학박사, 한국시조협회 고문)

이재호시인의 아호는 '겸재(謙宰)'다. '겸손한 재상'이란 의미이다. 겸손의 으뜸이란 뜻이니, 그 인품의 향기가 본인은 물론 대하는 이에게 평안을 선사해 준다. 서경에 도 '만초손 겸수익(滿招損 謙受益)'이라 하여 '교만하면 손해를 보고 겸손하면 매사 유익을 본다' 라고 하였으니, 겸재 시인은 겸양과 예법이 넘쳐흘러 스스로의 덕망으로 남다른 존경을 받고 있어 대할 때마다 저절로 머리가 숙여진다.

겸재님은 장로요 시조시인으로서 그의 시조를 읽으면 성경 시편을 떠올리게 된다. 기독교 신앙심이 충만한 겸재님은 장로로서 창작해낸 글들 속에 하늘사다리를 타고 올라가는 영적 멧세지가 실려 있어 그 작시법에 있어서도 남다른 품격이 있으며, 마치 성경 시편을 읽는 것 같은 감상에 빠지게 된다. 그처럼 영적 세계에 접근하여 때 묻은 세속의 잡념을 씻어주기에 순수하고 해맑은 인품의 향기마저 넘쳐흐른다.

이번에 발간되는 시조집은 그동안 갈고 닦은 시상의 편린들은 격조 높게 읊어낸 시편들로서 작가 자신의 신앙심이 깊은 만큼, 전편에 걸친 내용도 품격도 모범적이요 방황하는 뭇 세인들에게 올바른 삶의 지침을 제시해 주는 옥편들이다. 겸재시인님의 시편들을 몇 개의 주제들로 묶어 살펴보았다.

1. 영생을 바라보는 충만한 신앙심과 복음 시향

인간은 땅과 하늘을 동시에 이고 사는 존재이다. 발을 딛고 있는 현실을 무시할 수도 없고 멀리 추구해 나아가야 할 이상을 또한 포기할 수도 없다. 그런데 진정한 크리스챤들은 품격 높은 인생의 가치를 땅보다는 하늘에 두고 산다. 돼지는 하늘을 볼 수 없듯이 육적인 것만을 추구하는 사람들은 하늘을 보지 못하고 땅만 보고 사니, 이 어찌 하늘의 섭리를 깨달을 수 있단 말인가? 충만한 믿음으로 이상향을 추구하는 겸재시인은 시를 쓸 때에도 늘 '하늘 문'을 염두에 두고 창작을 하니, 그 영적 멧세지가 둔감한 인생들을 감동시킨다.

가) 마음 문 닫아 걸고 나 혼자 살다 보니
캄캄해 살 수 없고 사방에 길이 막혀
세상을 보는 눈 뜨고 길을 찾아 나섰다.

무거운 짐만 지고 세상을 헤매다가

길 잃고 방황하며 지쳐서 쓰러질 때
주님이 문을 여시니 온 천지가 빛난다.

- 「하늘 문」 전문

나) 불빛이 꺼져가는 흑암이 깊은 계곡
십자가 다리 놓고 복음의 횃불 켜니
천지를 / 진동시키는 / 만물들의 환호성.

골짜기 눈물 따라 꽃들이 피어나고
보혈의 강을 따라 생명이 살아나니
물과 피 / 흐르는 곳으로 / 천국 길이 열린다.

- 「복음」 전문

성도들의 목표는 하늘 문이 열리지 않은 애급생활에서 벗어나, 홍해를 건너 하늘 문 열리는 가나안 땅에 들어가 축복의 길에 드는 것이다. 글 가)에서는 마음 문 닫아 걸고 나 혼자 흑암의 세계에서 방황하다 보니 무거운 짐만 지고 쓰러지게 되는데, 그러다가 주님의 손길로 하늘 문이 열려 축복의 땅에 든다는 내용이다.

글 나)는 복음의 횃불을 켜니 온 천지가 변화되어 만물들이 환호성을 지르고 눈물 따라 보혈의 강물 따라 생명들이 환호작약하며 천국복락의 길이 활짝 열린다는 내용이다. 여기서 중요한 말은 "복음의 횃불을 켠다"는 시구이다. 이러한 글들을 읽으면 '실낙원(失樂園)'을 '복락원(復樂園)'으로 전환시키는 작가의 긍정적 사고와 믿음 충만한 인생관을 잘 감지할 수 있다. 또한 신앙인으로서 이러한 관념성이 짙은 글들은 시적 형상화가 매우 힘드는 법인데도 불구하고, 겸재시인은 장로로서 그 영적 믿음의 밀도가 매우 충만하고 조밀하여 그 표현에 있어서도 아주 잘 소화해 내고 있기에 큰 감동을 준다.

2. 아름다운 추억, 그 그리움의 언덕 저편

시인은 추억과 그리움을 먹고 산다. 추억은 과거를 바탕으로 하며 그리움은 사랑을 바탕으로 하지만 이런 글감들은 인간이면 누구나 다 공통 감성을 지니고 있기에 공감대가 더 높아진다. 문인 되기는 시골 출신이 더 유리하다. 이러한 판단은 어릴 적 시골에서 성장한 사람이 도시인보다는 훨씬 더 대자연의 품에 안겨 서정적 감성의 기회를 더 많이 체험하였기 때문이다. 겸재시인님은 경북 상주의 산골소년 출신이기에 성장기의 짙은 향수 감성이 시창작의 중심에서 많이 넘실대고 있다.

가) 강 건너갈 수 없는 아득한 소꿉 사랑
애달픈 그리움에 눈시울 맺힌 세월
지나온 / 마디마디마다 / 가시 되어 찌르네.

-「찔레꽃 사랑」 제3연

나) 집 나간 촌뜨기가 엉겁결 서울 와서
인파(人波)에 차량 홍수(洪水) 길마다 쏟아내는
마천루(摩天樓) / 고함(高喊) 소리에 / 왕 방울 눈 되었네.

양 날개 달았다고 빌딩 숲 빙빙 돌며
창 너머 연인(戀人) 사랑 빨갛게 훔쳐보다
우릉 쾅 / 천둥소리에 / 화들짝 놀라 뺑소니.

-「서울 잠자리」 전문

대자연을 벗으로 삼아 물아일체의 경지를 체험하는 경우는 그 추억이 늘 아름답다. 그러나, 만남의 인연으로 맺어진 인간과의 관계는 늘 아름답지만은 못하고 때론 상처가 심하다. 끌어안을수록 아픈 상처, 그것이 바로 소위 '고슴도치의 딜레마'이다.

글 가)에서는 '찔레꽃'에 비유된 천진한 어릴 적 소꿉사랑을 떠올리며, 그 건너갈 수 없었던 사랑의 실체를 그리워하고 있다. 또다시 되돌릴 수 없기에 사연 마디마디가 가시가 되어 가슴을 찌르고 있다.

글 나)에서는 시골과 도시의 공간이동이 흥미롭다. 글감으로 채택된 매개체 '잠자리'의 출신 바탕은 시골이지만, 생면부지 서울로 올라와서는 완전 촌뜨기 신세라 모든 것이 낯설고 어설프고 두려워 얼떨결에 놀라길 자주한다. 이 글에 나타난 '서울잠자리'의 실체는 사실 시골 촌뜨기인 작가를 상징하고 있다. 그러기에 낯선 땅 인파에, 차량홍수에, 마천루에 왕방울 눈으로 어리둥절하고 있다는 표현과, 빌딩 숲 빙빙 돌며 연인사랑 훔쳐보다 천둥소리에 화들짝 놀라 뺑소니친다는 표현이 아주 흥미롭게 전개되어 있다. 현대시조로서 매우 인상적이며, 시적 긴장감과 신선감을 제공해 주는 멋진 시조이다.

3. 뛰어난 관찰력과 감성, 그리고 개성적 표현

존경 받는 장로이자 시인인 겸재시인은 그 언행이 마치 품격 높은 선지자나 명 선비 같다. 그런데 고령임에도 불구하고 사리분별력이 명쾌하고 이웃을 배려하며 남을 섬기는 자세도 으뜸이다. 특히 사물을 꿰뚫어 보는 뛰어난 관찰력과 개성적인 작시표현은 창작된 글의 참신성과 질감을 높여준다.

가) 백화산 옷자락에 봄바람 살랑대면
민가슴 망울망울 연분홍 물들이고
흰구름 / 파아란 하늘에 / 송이송이 피운다.

훈풍이 놀고 가는 산골짝 양지마다
꽃망울 실눈 뜨고 빨갛게 달아올라
온 산을 / 활 활 불태우며 / 호랑나비 부른다.

-「산철쭉」 전문

나) 순백한 소복차림 힘없고 연약해도
뜨거운 온몸으로 언 손을 녹여주고
달콤한 / 입맞춤 하면서 / 정을 다준 첫사랑

한세월 기다리던 손 한번 잡아주니
뜨거운 향내 속에 온 몸을 녹이면서
정염을 / 다 쏟아내고 / 정처 없이 떠나네.

-「종이컵」 전문

글 가)는 백화산의 빨갛게 달아오른 산철쭉을 묘사해낸 글이다. 통상적으로 산에 핀 산철쭉을 '빨갛게 달아오른 불타는 모습'으로 표현할 수 있는데, 여기서 작가는 온 산을 불태우며 "호랑나비 부른다"라고 비약하여 정중동(靜中動)의 새로운 시적 전환을 도모함으로써 시선을 집중시키는 창작기법을 발휘하였다.

글 나)는 사물에 대한 속성 파악과 관찰력이 돋보이는 참신한 글이다. 1회용으로 끝나는 흰 종이컵과 그 쓰임을 '소복차림', '입맞춤 첫사랑'으로 비유하면서, 한 세월 기다리다가 손 한번 잡아주고 뜨거운 향내 속에 속절없이 떠나버리는 그 속성을 아주 실감 있게 묘사해 내어 신선미가 반짝 반짝 빛난다. 이러한 시조는 평범한 사물 속에서 그 특징과 진실을 발견해 내는 뛰어난 관찰력과 감성, 그리고 개성적 표현이 돋보이는 글들이다.

4. 작시(作詩) 정신과 시조 사랑

시인이 되면 마음이 맑아진다고 한다. 시를 쓰려면 그만큼 깊은 사려와 수련, 그리고 여과의 과정을 거쳐야 하기 때문일 것이다. 겸재님의 시조를 읽다보면 이러한 인생 여과의 과정이나 수련의 모습이 많이 발견된다. 겸재님의 인품이 매우 고매한 것은 종교 활동과 이러한 작시 활동을 통한 인생 돌아봄과 자기수련의 결과라고 생각된다. 그의 작시정신과 시조사랑의 정신을 살펴보자.

가) 포은집 단심가에 감동된 산골소년
김소월 진달래꽃 시혼에 잠기더니
괴테와 벨텔이 슬퍼 하이네와 놀았네.

새하얀 종이 위로 시상을 굴렀더니
밀려든 세상사에 저 멀리 도망가고

메마른 가슴 속으로 빠른 세월 보냈네.

십자가 구원 받고 은혜의 바다에서
다윗왕 시를 잡고 솔로몬 아가 따라
어설픈 춤을 추면서 주름진 손 두들겨.

-「시작(詩作)」 전문

나) 한 톨의 작은 씨앗 땅 위에 떨어져서
용트림 다 하면서 흙 속에 뿌리박고
한없이 / 고운 순이 되어 / 빛을 찾아 나선다.

-「시조 아생(芽生)」 전문

글 가)를 읽으면 겸재시인의 문인으로서의 성장과정을 엿볼 수 있다. 제1연에서는 포은의 단심가, 즉 시조로 출발된 문심으로부터 김소월-괴테-하이네로 이어지는 작가 시심의 변화·발달과정을 표현하였다, 그러다가 2연에서는 세상 잡사에 쫓겨 글 쓰는 일에 전념치 못한 허송세월을 후회하고, 제3연에서는 십자가 구원으로 하나님 품에 안착하면서 다윗왕의 시편들에서 시인의 용기를 얻었고, 이제는 주름진 나이에 시인이 되어 하나님 앞에서 다윗왕처럼 어설픈 시인춤을 추고 있다는 은연중의 기쁨을 노래하고 있다. 겸양어린 축소 지향의 표현이지만, 이 글속에서는 시인으로서의 성장과정과 하늘 축복의 감성까지 곁들어 있어 큰 감동을 준다.

글 나)는 시조씨앗을 뿌리는 시조시인의 마음이 잘 드러나 있다. 문단에 다소 늦게 발을 들여놓은 겸재시인은 시조단에서 말없이 본분을 다하며 낮은 자세로 청지기 노릇

봉사를 하고 있다. 문학하는 마음은 일찍이 어려서부터 시조를 암송하는 데서 싹이 텄다. 시조는 우리 고유의 전통문학으로서 조상의 얼과 혼이 깃들어 있고, 그 운율이 우리 민족의 호흡에 일치하기 때문에 문인은 시조를 바탕으로 글을 지어야 하며, 창작의 씨앗을 많이 뿌려 국민 모두가 큰 수확을 거둬내야 한다. 이 시조에는 그러한 겸재시인의 시조사랑 염원이 잘 드러나 있다.

5. 영원 생명을 찾아 떠나는 환골탈태의 몸짓

겸재시인의 글에는 천지를 관통하는 하늘 지향 영혼이 살아있다. 시에는 죽은 시와 살아있는 시가 있는데, 시인은 살아 있는 생명력 있는 시를 써야 한다. 죽어 있는 무생물을 의인화시켜 살아있는 생명체로 만드는 것도 시인의 할 일이며. 부정적 사물을 긍정적 사물로 전환시켜 세상을 밝게 만드는 것도 시인의 역할이다. 김춘수 시인이 "내가 그의 이름을 불러 주었을 때, 그는 비로소 꽃이 되었다"라고 하는 표현은 바로 그러한 의미를 지니고 있다. 겸재 시인의 시상들은 한 마디로 영원 생명을 찾아 떠나는 환골탈태의 몸짓이다. 둔하고 어리석은 인생을 단련하고 수련하여 거듭나고 환골탈태하여 복락원으로 들어가는 것이다.

가) 풀무불 용광로에 철광석 녹아나고

두들긴 담금질에 옥보석 나오듯이
광야길 단련된 성도 정금같이 나오리.

-「채찍」 제4연

나) 강물은 돌고 돌아 바다에서 춤을 추고
구름은 변모하며 하늘을 주름잡고
태산도 / 철 따라 변색하며 / 굳은 자리 지킨다.

땅속에 굼벵이도 죽을 진통 당하면서
탈 벗고 허물 벗고 날개 달아 하늘 난다
사람도 / 거듭나지 않으면 / 천국 갈 수 없다네.

-「탈바꿈 전문

'거듭남'은 사람이 사람됨의 길로 들어선다는 의미이다. 일찍이 순자(荀子)가 성악설을 설파하였듯이, 원죄를 타고 난 인간은 거듭나지 않으면 복락원의 길에 들어설 수 없다. 글 가)는 거듭남의 과정에서 겪어내야 하는 혹독한 단련과정을 시적으로 표현한 것이다. 정금이 되기까지는 고열에 녹아나고 담금질의 과정을 거쳐야 한다. '밤과 대추나무도 호되게 후려쳐야 내년에 열매가 많이 열린다'는데, 이러한 연단의 과정을 겪어내야 온전한 성도가 될 수 있음을 '채찍'이라는 제재를 사용하여 잘 표현하였다.

글 나)에서도 '탈바꿈', 즉 거듭남의 필요성을 강물과 구름과 태산, 그리고 굼벵이의 속성을 빌어 사상을 잘 전개하여 효용론적 가치가 있는 시조를 창출해 내었다. 이러한 시적 표현들은 겸재시인이 '영원 생명을 찾아 떠나는 환골탈태의 몸짓'이라고 볼 수 있으며, 믿음 충만한 장로로서의 반듯한 면모가 잘 나타난 예라고 사료된다.

지금까지 겸재 이재호 시인의 작품세계를 대표작품을 들어 살펴보았다.

겸재시인은 장로로서 시인으로서 기독교 신앙을 바탕으로 한 인품이나 시의 품격이 모든 문인들의 귀감이 되고 있다. 특히 지극한 겸손함과 온유함에서 우러나오는 도타운 덕망과 선비다운 품격은 예기에서 일컬은 '온유돈후시교야(溫柔敦厚詩敎也)'라고 하는 말을 연상시킨다.

이번에 발간되는 시조집은 겸재시인의 인생 역정과 인품과 영적 세계가 총 집약된 결정체로서, 모든 문인들에게 하늘문을 열고 복락원의 길로 들어서게 하는 하나의 복음서요 지침서가 될 것이다.

(2020.11.1 시의 날에, 효봉 撰)

이재호 시조집
촌뜨기의 나팔소리

2020년 11월 28일 초판 인쇄
2020년 11월 30일 초판 발행

지은이 / 이재호
발행인 / 강병욱

발행처 / 도서출판 교음사

03147 서울 종로구 삼일대로 457 수운회관 1308호
Tel (02) 737-7081, 739-7879(Fax)
e-mail / gyoeum@daum.net
등록 / 제2007-000052호

* 잘못된 책은 바꾸어 드립니다. 값 10,000 원

ISBN 978-89-7814-810-8 03810

이 도서의 국립중앙도서관 출판예정도서목록(CIP)은 서지정보유통지원시스템 홈페이지(http://seoji.nl.go.kr)와 국가자료공동목록시스템(http://www.nl.go.kr/kolisnet)에서 이용하실 수 있습니다. (CIP제어번호 : CIP2020050608)

- 이 도서는 한국예술인복지재단의 창작준비금을 지원받아 제작되었습니다.